Table of Contents

©1993 Instructional Fair, Inc.   IF0208 Spanish

-Ar verbs

Study the list of verbs below.

hablar = to speak
cantar = to sing
nadar = to swim
escuchar = to listen (to)
bailar = to dance
estudiar = to study

comprar = to buy
trabajar = to work
preparar = to prepare
caminar = to walk
desear = to want
llevar = to wear

llorar = to cry
tocar = to play
visitar = to visit
saludar = to greet
mirar = to look (at)
contestar = to answer

Conjugate the verbs according to the example.

verb –hablar   **stem** – habl-

  yo   <u>hablo</u>   **nosotros/as** <u>hablamos</u>

  tú   <u>hablas</u>

usted
  él } <u>habla</u>

ella

ustedes
  ellos } <u>hablan</u>
  ellas

verb – cantar   **stem** – cant-

  yo _____   **nosotros/as** _____

  tú _____

usted
  él } _____
ella

ustedes
  ellos } _____
  ellas

verb – llevar   **stem** – llev-

  yo _____   **nosotros/as** _____

  tú _____

usted
  él } _____
ella

ustedes
  ellos } _____
  ellas

verb – estudiar   **stem** – estudi-

  yo _____   **nosotros/as** _____

  tú _____

ustedes
  él } _____
ella

ustedes
  ellos } _____
  ellas

La ropa

Clothing

Escriba las palabras en español.

los pantalones

los pantalones cortos

la camisa

el suéter

el vestido

la falda

el traje

la corbata

la camiseta

los zapatos

los calcetines

las sandalias

el traje de baño

el abrigo

la chaqueta

IF0208 Spanish

Escriba las frases en español.

1. I like T-shirts.

_____

2. Marcos is wearing shorts.

_____

3. Ana and María wear dresses.

_____

4. We're wearing swimming suits.

_____

5. I'm buying the tie.

_____

6. Do you like to wear sandals?

_____

7. They're wearing pants.

_____

8. They're buying skirts.

_____

9. She's buying the coat.

_____

10. He's wearing a jacket.

_____

11. I like sweaters.

_____

¿Qué?
What?

Qué is the question word meaning **what**. To form a question using **qué** follow this pattern:

¿Qué + verb + subject?

The answer to this type of question will always be an object or an activity, a noun.

ejemplo 1:

¿**Qué** compras tú?
(What are you buying?)

Yo compro **una camisa**.
(object)
(I'm buying a shirt.)

¿**Qué** admiran ustedes?
(What do you admire?)

Nosotros admiramos **su barc**
(We admire your boat.)

ejemplo 2:

¿**Qué** hace ella?
(What is she doing?)

Ella **nada**. (activity)
(She's swimming.)

Use the pictures to answer the following questions in Spanish.

1. **¿Qué mira él?**

_____

2. **¿Qué estudias tú?**

_____

3. **¿Qué cantan ellos?**

_____

4. ¿Qué lleva ella?

_____

5. ¿Qué toca usted?

_____

6. ¿Qué escuchan ustedes?

_____

7. ¿Qué compra Manuel?

_____

8. ¿Qué deseas tú?

_____

¡Hola!

9. ¿Qué habla él?

_____

10. ¿Qué prepara Carlota?

_____

Las preguntas
Questions

Escriba las preguntas a las respuestas siguientes.
(Write questions using **que**.)

1. ¿Qué te gusta?
   Me gusta el helado.

2. ¿————————————————?
   Ella compra una falda.

3. ¿————————————————?
   Él habla inglés.

4. ¿————————————————?
   Yo llevo pantalones.

5. ¿————————————————?
   Nosotros tocamos el piano.

6. ¿————————————————?
   Yo estudio historia.

7. ¿————————————————?
   Nosotros visitamos México.

8. ¿————————————————?
   Él escucha la radio.

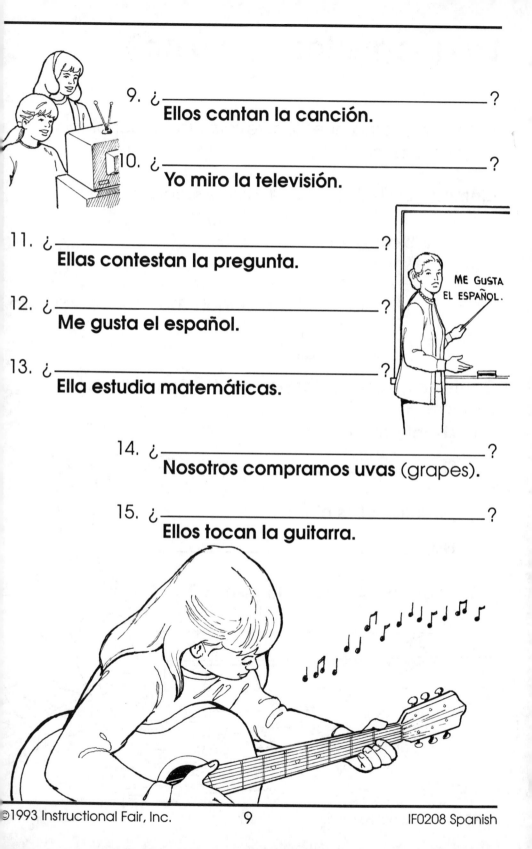

9. ¿——————————————?
   Ellos cantan la canción.

10. ¿——————————————?
    Yo miro la televisión.

11. ¿——————————————?
    Ellas contestan la pregunta.

12. ¿——————————————?
    Me gusta el español.

ME GUSTA
EL ESPAÑOL.

13. ¿——————————————?
    Ella estudia matemáticas.

14. ¿——————————————?
    Nosotros compramos uvas (grapes).

15. ¿——————————————?
    Ellos tocan la guitarra.

Las preguntas – ¿sí o no?

To form a yes/no question, reverse the order of the subject and the verb.

ejemplo: Él habla   español. (He speaks Spanish.)

       ↑   ↑

    subject verb

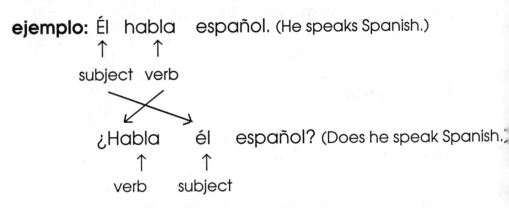

        ¿Habla   él   español? (Does he speak Spanish.)

         ↑   ↑

       verb   subject

Conteste las preguntas siguientes. (Answer the following questions.)

1. **¿Habla ella inglés?**

   Sí, _____

2. **¿Cantan ellos bien?**

   No, _____

3. **¿Nadan ustedes en la piscina?**

   Sí, _____

4. ¿Llevan ellas vestidos?

   Sí, _____

5. ¿Estudias tú historia?

   No, _____

6. ¿Prepara ella la comida?

   Sí, _____

7. ¿Miran ustedes la televisión?

   No, _____

8. ¿Escucha usted la radio?

   Sí, _____

9. ¿Baila él bien?

   No, _____

10. ¿Llora ella?

    Sí, _____

11. ¿Compra usted el suéter?

    Sí, _____

Las preguntas – ¿sí o no?

Escriba las preguntas.
(Write the questions.)

1. ¿ _____ ?

   Sí, yo bailo mucho.

2. ¿ _____ ?

   No, ella no nada bien.

3. ¿ _____ ?

   Sí, nosotros caminamos.

4. ¿ _____ ?

   No, él no habla francés.

5. ¿ _____ ?

   Sí ellas escuchan la radio.

6. ¿ _____ ?

   No, yo no toco la guitarra.

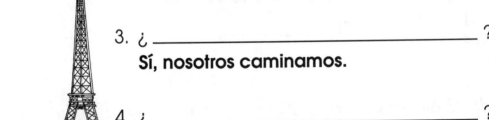

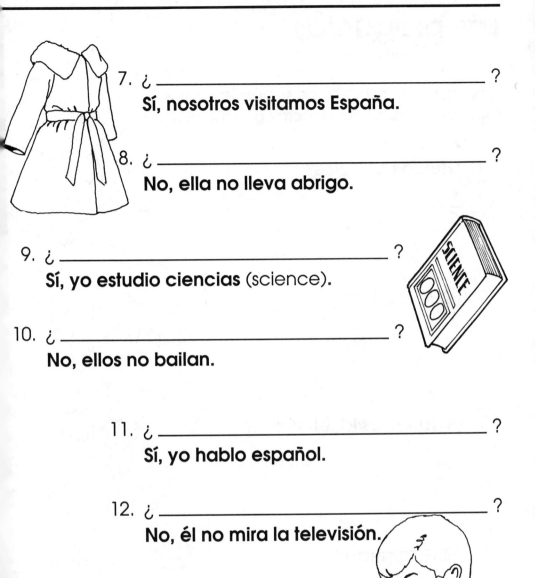

7. ¿ _____ ?

Sí, nosotros visitamos España.

8. ¿ _____ ?

No, ella no lleva abrigo.

9. ¿ _____ ?

Sí, yo estudio ciencias (science).

10. ¿ _____ ?

No, ellos no bailan.

11. ¿ _____ ?

Sí, yo hablo español.

12. ¿ _____ ?

No, él no mira la televisión.

Las preguntas

Conteste las preguntas según las fotos.
(Answer the questions according to the pictures.)

1. **¿Hablas tú inglés?**

   _____

2. **¿Qué habla él?**

   _____

3. **¿Miran ellos la televisión?**

   _____

4. **¿Qué te gusta?**

   _____

5. **¿Nada usted?**

   _____

6. **¿Escuchan ustedes la radio?**

   _____

7. **¿Llora ella?**

   _____

8. **¿Qué tocas tú?**

   _____

9. **¿Cantan ellas?**

   _____

10. **¿Saludan ellos?**

    _____

11. **¿Qué estudia ella?**

    _____

Los adjetivos

Adjectives

An **adjective** is a word that describes a noun. In Spanish **all nouns have gender.** They are either masculine or feminine. Each adjective **must agree** with the **gender** of the noun it describes. So adjectives in Spanish have both masculine and feminine forms. Use the form that agrees with the gender of the noun.

I. For adjectives ending in **-o** in the masculine form, change the **-o** to **-a** to get the feminine form.

ejemplo: alto → alta (tall)
      (masculine)   (feminine)

bajo → baja (short)

bonito → bonita (pretty)

aburrido → aburrida (boring)

Write the feminine forms of each adjective below.

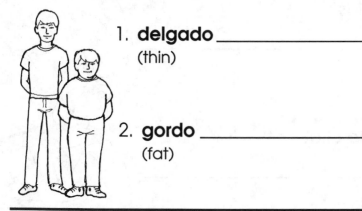

1. **delgado** _____
   (thin)

2. **gordo** _____
   (fat)

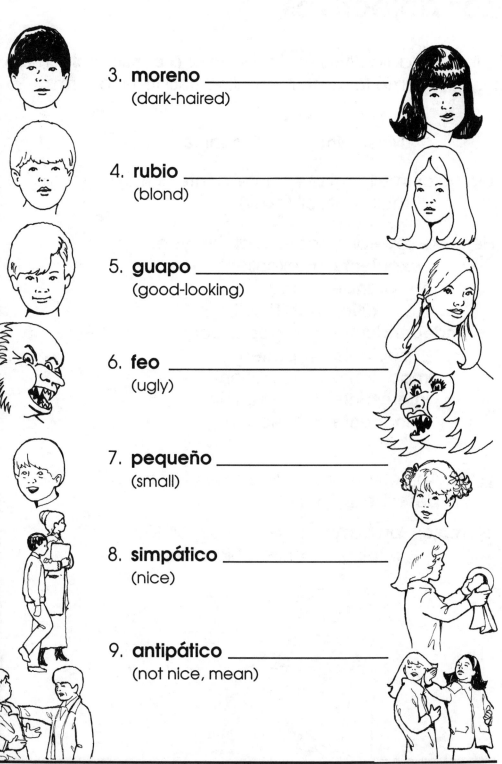

3. **moreno** _____
   (dark-haired)

4. **rubio** _____
   (blond)

5. **guapo** _____
   (good-looking)

6. **feo** _____
   (ugly)

7. **pequeño** _____
   (small)

8. **simpático** _____
   (nice)

9. **antipático** _____
   (not nice, mean)

Los adjectivos

II. Most adjectives ending in **-e** or **a consonant** remain the same for both masculine and femine forms.

Masculine	**Feminine**

ejemplo: inteligente → inteligente (smart)
fácil → fácil (easy)

Here are several adjectives of this type:

excelente = excellent
grande = big
difícil = difficult
independiente = independent
paciente = patient
impaciente = impatient
interesante = interesting
inocente = innocent

Note: Adjectives generally come **after** the nouns they describe in Spanish.

ejemplo: an **easy** test = un examen **fácil**
a **tall** girl = una chica **alta**

Fill in the blanks with the correct form of the underlined adjective in each phrase. Remember: Some adjectives change form because of gender.

1. a <u>smart</u> man = **un hombre** _____

2. a <u>pretty</u> woman = **una mujer** _____

3. a <u>big</u> car = **un carro** _____

4. a <u>thin</u> book = **un libro** _____

5. a <u>dark-haired</u> girl = **una chica** _____

6. an <u>innocent</u> baby = **un niño** _____

7. a <u>patient</u> mother = **una madre** _____

8. an <u>independent</u> country = **un país** _____

9. a <u>short</u> boy = **un chico** _____

10. a <u>blond</u> teacher = **una maestra** _____

11. an <u>ugly</u> monster = **un monstruo** _____

12. an <u>interesting</u> class = **una clase** _____

13. an <u>excellent</u> movie = **un cine** _____

14. a <u>difficult</u> test = **un examen** _____

15. a <u>big</u> house = **una casa** _____

16. a <u>fat</u> frog = **un rana** _____

Los adjectivos

Adjectives in Spanish must agree in **number** as well as **gender**. That is, if the noun is singular, then the adjectives describing it must also be singular. If the noun is plural, then the adjectives must also be plural.

To make an adjective plural . . .
1. add **-s** if it ends in a vowel.
    ejemplo: alto → altos
                    grande → grandes

2. add **-es** if it ends in a consonant.
    ejemplo: fácil → fáciles

Most adjectives have four forms.

	singular	plural
masculine	alto	altos
feminine	alta	altas

If a group contains both masculine and feminine nouns, use the masculine plural form.

ejemplo: Los chicos y las chicas son alt**os**.
(The boys and the girls are tall.)

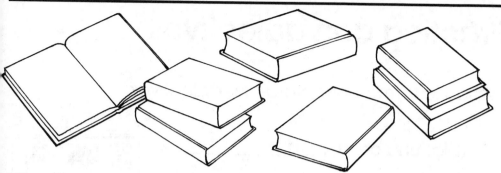

Fill in the blanks with the correct forms of the underlined adjectives.

1. <u>small</u> girls = **las chicas** _____

2. <u>interesting</u> books = **los libros** _____

3. <u>thin</u> men = **los hombres** _____

4. <u>innocent</u> people = **las personas** _____

5. <u>difficult</u> tests = **los exámenes** _____

6. <u>boring</u> classes = **las clases** _____

7. <u>pretty</u> women = **las mujeres** _____

8. <u>excellent</u> teachers = **los maestros** _____

9. <u>ugly</u> houses = **las casas** _____

10. <u>big</u> meals = **las comidas** _____

11. <u>nice</u> oboys = **los chicos** _____

12. <u>impatient</u> fathers = **los padres** _____

Práctica con adjectivos

Escriba la forma correcta de los adjectivos.

1. (big) **una casa** _____
2. (short) **un hombre** _____
3. (blond) **una chica** _____

4. (boring) **un maestro** _____
5. (small) **una clase** _____
6. (excellent) **un libro** _____

7. (tall) **un elefante** _____
8. (fat) **unos cerdos** _____
9. (mean) **unos monos** _____

10. (pretty) **unas chicas** _____
11. (ugly) **un monstruo** _____
12. (dark-haired) **unos hombres** _____

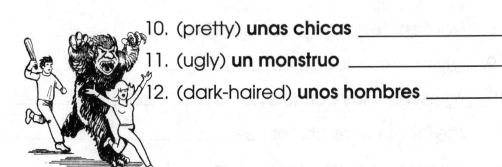

13. (thin) **un chico** _____

14. (nice) **una chica** _____

15. (good-looking) **unos chicos** _____

16. (difficult) **un problema** _____

17. (innocent) **unos estudiantes** _____

18. (easy) **unos exámenes** _____

19. (patient) **una tortuga** _____

20. (smart) **un conejo** _____

21. (big) **unos árboles** _____

22. (nice) **un maestro** _____

23. (tall) **unas chicas** _____

24. (blond) **un hombre** _____

Ser

To be

The verb **ser** (to be) is used with adjectives to describe people or things. **Ser** does not follow a regular pattern like the **-ar** verbs. It is an irregular verb.
Note its forms:

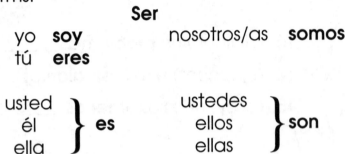

Ser

yo **soy**   nosotros/as **somos**
tú **eres**

usted
  él   } **es**   ustedes
ella   ellos   } **son**
                            ellas

Conjugate the verb **ser** with the adjective **alto** (tall).

1. Yo _____ _____ .

2. Tú _____ _____ . (feminine)

3. Usted _____ _____ . (masculine)

4. Él _____ _____ .

5. Ella _____ _____ .

6. Nosotros _____ _____ .

7. Nosotras _____ _____ .

8. Ustedes _____ _____ . (masculine)

9. Ellos _____ _____ .

10. Ellas _____ _____ .

Conjugate the verb **ser** with the following adjectives.

bajo (short)

1. Yo _____ _____ .
2. Tú _____ _____ . (masculine)
3. Ella _____ _____ .
4. Nosotros _____ _____ .
5. Ellos_____ _____ .
6. Ustedes _____ _____ . (feminine)

inteligente (intelligent)

1. Tú _____ _____ .
2. Ellas _____ _____ .
3. Nosotras_____ _____ .
4. Yo _____ _____ .
5. Ustedes_____ _____ .
6. Él _____ _____ .
7. Ellos _____ _____ .
8. Usted _____ _____ .

Ser

Use the adjectives to describe the people and things listed. All adjectives are given in the masculine singular form. Be sure to make them agree!

1. **Mónica – rico, simpático**

   _____

   _____

2. **Roberto – inocente, alto**

   _____

   _____

3. **Ana y María – paciente, rubio**

   _____

   _____

4. **Marcos y Pablo – feo, impaciente**

   _____

   _____

5. **Pedro y Rosita – bajo, moreno**

   _____

   _____

6. **Los libros – fácil, interesante**

_____

_____

7. **Nosotras – delgado, guapo**

_____

_____

8. **Yo – alto, simpático**

_____

_____

9. **La comida – excelente, grande**

_____

_____

10. **Las casas – bonito, pequeño**

_____

_____

Las preguntas con ser

Conteste las preguntas. No se olvide del acuerdo de los adjectivos. (Answer the questions. Don't forget the agreement of the adjectives.) Use the pictures as clues for your answers.

ejemplos: ¿Es Mario rico?

Sí, él es rico.

¿Es Eduardo estúpido?

No, él no es estúpido.

Él es inteligente.
(intelligente)

1. **¿Es la maestra estricta?**

_____

2. **¿Eres tú bajo?**

_____

(alto) _____

3. **¿Son los monos cómicos?**

_____

4. **¿Son ustedes pacientes?**

_____

5. **¿Es Pepita morena?**

_____

(rubio) _____

6. **¿Es el libro interesante?**

_____

(aburrido) _____

7. **¿Es Alberto muy gordo?**

_____

8. **¿Es Juana simpática?**

_____

(antipática) _____

Las profesiones

The names of some professions have different masculine and feminine forms. Those that end in **-o** usually change the **-o** to **-a** to form the feminine.

ejemplo: un maestr**o** (m) → una maestr**a** (f)
  (a grade school teacher)

Those that end in **-e** or **-a** remain the same in both forms.

ejemplos: un cantant**e** (m) → una cantant**e** (f)
  (a singer)

  un artist**a** (m) → una artist**a** (f)
  (an artist)

Some do not follow a special pattern, but have different forms for masculine and feminine.

ejemplos: un actor (m) → una actriz (f)
  (an actor)   (an actress)

  un profesor (m) → una profesora (f)
  (a high school teacher)

  un doctor (m) → una doctora (f)
  (a doctor)

These are common professions.

una enfermera	=	a nurse
una secretaria	=	a secretary
un ingeniero	=	an engineer
un abogado	=	a lawyer
un mecánico	=	a mechanic
un técnico	=	a technician
un piloto	=	a pilot
un cocinero	=	a cook
un fotógrafo	=	a photographer
un músico	=	a musician
un dentista	=	a dentist
un periodista	=	a journalist
un gerente	=	a manager
un agricultor	=	a farmer
un obrero	=	a factory worker
un escritor	=	a writer
un poeta	=	a poet
un bailarín	=	a dancer (m)
una bailarina	=	a dancer (f)

Ser con las profesiones

The indefinite articles (un, una) are not used with the professions after the verb **ser** unless they are modified by an adjective.

ejemplos: Gloria es cantante.
(Gloria is a singer.)

Gloria es **una** buena cantante.
(Gloria is a good singer.)

Fill in the blanks with the correct form of **ser** and the indicated professions.

1. Yo _____ _____ .
(artist)

2. Manuel _____ _____ .
(mechanic)

3. Nosotros _____ _____ .
(journalist)

4. Anita _____ _____ .
(nurse)

5. El Señor González _____ _____ .
(musician)

6. Whitney Houston _____ _____ .
(singer)

7. Mark Twain _____ _____
(writer)

8. Mi mamá _____ _____ .
(secretary)

9. Mi papá _____ _____ .
(pilot)

10. Usted _____ _____ .
(cook)

11. Patricia _____ _____ .
(dentist)

12. Tú _____ _____ .
(photographer)

13. Ellos _____ _____
(lawyer)

14. José _____ _____ .
(dancer)

15. Ella _____ _____ .
(teacher)

La hora
The Time

To answer **¿Qué hora es?** (What is the time?) follow the patterns below. Write the times as indicated.

On the hour:

Es la una.

_____

Son las dos.

_____

Son las tres.

_____

Son las cuatro.

_____

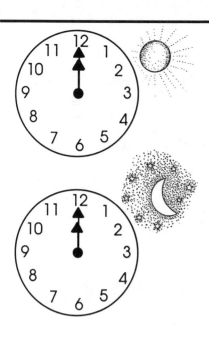

Es medianoche.

_____

Es mediodía.

_____

Son las cinco y cinco.

_____

Son las ocho y cuarto.

_____

Son las diez y veinticinco.

_____

La hora

Escriba las horas de los relojes.
(Write the times shown on the clocks.)

Son las nueve y media.

_____

Son las diez menos veinte.

_____

Son las diez menos cuarto.

_____

Son las diez menos diez.

_____

Son las diez menos cinco.

_____

Answer Key

Spanish

-Ar verbs

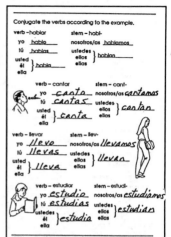

Study the list of verbs below.

hablar = to speak
cantar = to sing
nadar = to swim
escuchar = to listen (to)
bailar = to dance
estudiar = to study

comprar = to buy
trabajar = to work
preparar = to prepare
caminar = to walk
desear = to want
llevar = to wear

llorar = to cry
tocar = to play
visitar = to visit
saludar = to greet
mirar = to look (at)
contestar = to answer

Conjugate the verbs according to the example.

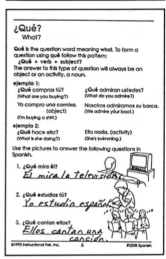

verb –hablar — stem – habl-
yo _hablo_ nosotros/as _hablamos_
tú _hablas_ ustedes/ellos/ellas } _hablan_
usted/él/ella } _habla_

verb – cantar — stem – cant-
yo _canto_ nosotros/as _cantamos_
tú _cantas_ ustedes/ellos/ellas } _cantan_
usted/él/ella } _canta_

verb – llevar — stem – llev-
yo _llevo_ nosotros/as _llevamos_
tú _llevas_ ustedes/ellos/ellas } _llevan_
usted/él/ella } _lleva_

verb – estudiar — stem – estudi-
yo _estudio_ nosotros/as _estudiamos_
tú _estudias_ ustedes/ellos/ellas } _estudian_
usted/él/ella } _estudia_

La ropa
Clothing

Escriba las palabras en español.

los pantalones — _los pantalones_
los pantalones cortos — _los pantalones cortos_
la camisa — _la camisa_
el suéter — _el suéter_
el vestido — _el vestido_
la falda — _la falda_
el traje — _el traje_
la corbata — _la corbata_
la camiseta — _la camiseta_
los zapatos — _los zapatos_
los calcetines — _los calcetines_
las sandalias — _las sandalias_
el traje de baño — _el traje de baño_
el abrigo — _el abrigo_
la chaqueta — _la chaqueta_

Escriba las frases en español.

1. I like T-shirts.
   Me gustan las camisetas.
2. Marcos is wearing shorts.
   Marcos lleva pantalones cortos.
3. Ana and María wear dresses.
   Ana y María llevan vestidos.
4. We're wearing swimming suits.
   Nosotros llevamos trajes de baño.
5. I'm buying the tie.
   Yo compro la corbata.
6. Do you like to wear sandals?
   ¿Te gusta llevar sandalias?
7. They're wearing pants.
   Ellos llevan pantalones.
8. They're buying skirts.
   Ellas compran faldas.
9. She's buying the coat.
   Ella compra el abrigo.
10. He's wearing a jacket.
    Él lleva la chaqueta.
11. I like sweaters.
    Me gustan los suéteres.

¿Qué?
What?

Qué is the question word meaning what. To form a question using qué follow this pattern:
¿Qué + verb + subject?
The answer to this type of question will always be an object or an activity, a noun.

ejemplo 1:
¿Qué compras tú? ¿Qué admiran ustedes?
(What are you buying?) (What do you admire?)
Yo compro una camisa. Nosotros admiramos su barco.
(object) (We admire your boat.)
(I'm buying a shirt.)

ejemplo 2:
¿Qué hace ella? Ella nada. (activity)
(What is she doing?) (She's swimming.)

Use the pictures to answer the following questions in Spanish.

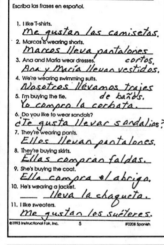

1. ¿Qué mira él?
   El mira la televisión.
2. ¿Qué estudias tú?
   Yo estudio español.
3. ¿Qué cantan ellos?
   Ellos cantan una canción.

4. ¿Qué lleva ella?
   Ella lleva un abrigo.
5. ¿Qué toca usted?
   Yo toco el piano.
6. ¿Qué escuchan ustedes?
   Nosotros escuchamos la radio.
7. ¿Qué compra Manuel?
   Manuel compra una corbata.
8. ¿Qué deseas tú?
   Yo deseo una manzana.
9. ¿Qué habla él?
   Él habla español.
10. ¿Qué prepara Carlota?
    Ella prepara la ropa.

Las preguntas
Questions

Escriba las preguntas a las respuestas siguientes.
(Write questions using que.)

1. ¿Qué te gusta?
   Me gusta el helado.
2. _¿Qué compra ella?_
   Ella compra una falda.
3. _¿Qué habla él?_
   Él habla inglés.
4. _¿Qué llevas tú?_
   Yo llevo pantalones.
5. _¿Qué tocan ustedes?_
   Nosotros tocamos el piano.
6. _¿Qué estudias tú?_
   Yo estudio historia.
7. _¿Qué visitan ustedes?_
   Nosotros visitamos México.
8. _¿Qué escucha él?_
   Él escucha la radio.

9. _¿Qué cantan ellos?_
   Ellos cantan la canción.
10. _¿Qué miras tú?_
    Yo miro la televisión.
11. _¿Qué contestan ellas?_
    Ellas contestan la pregunta.
12. _¿Qué te gusta?_
    Me gusta el español.
13. _¿Qué estudia ella?_
    Ella estudia matemáticas.
14. _¿Qué compran ustedes?_
    Nosotros compramos uvas (grapes).
15. _¿Qué tocan ellas?_
    Ellos tocan la guitarra.

Las preguntas – ¿sí o no?

To form a yes/no question, reverse the order of the subject and the verb.

ejemplo: Él habla español. (He speaks Spanish.)
subject verb

¿Habla él español? (Does he speak Spanish?)
verb subject

Conteste las preguntas siguientes. (Answer the following questions.)

1. ¿Habla ella inglés?
   Sí, _ella habla inglés._

2. ¿Cantan ellos bien?
   No, _ellos no cantan bien._

3. ¿Nadan ustedes en la piscina?
   Sí, _nosotros nadamos en la piscina._

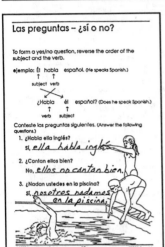

---

4. ¿Llevan ellas vestidos?
   Sí, _ellas llevan vestidos._

5. ¿Estudias tú historia?
   No, _yo no estudio historia._

6. ¿Prepara ella la comida?
   Sí, _ella prepara la comida._

7. ¿Miran ustedes la televisión?
   No, _nosotros no miramos la televisión._

8. ¿Escucha usted la radio?
   Sí, _yo escucho la radio._

9. ¿Baila él bien?
   No, _él no baila bien._

10. ¿Llora ella?
    Sí, _ella llora._

11. ¿Compra usted el suéter?
    Sí, _yo compro el suéter._

©1993 Instructional Fair, Inc.   10   IF0208 Spanish
©1993 Instructional Fair, Inc.   11   IF0208 Spanish

Las preguntas – ¿sí o no?

Escriba las preguntas. (Write the questions.)

1. ¿ _Bailas tú mucho_ ?
   Sí, yo bailo mucho.

2. ¿ _Nada ella bien_ ?
   No, ella no nada bien.

3. ¿ _Caminan ustedes_ ?
   Sí, nosotros caminamos.

4. ¿ _Habla él francés_ ?
   No, él no habla francés.

5. ¿ _Escuchan ellas la radio_ ?
   Sí ellas escuchan la radio.

6. ¿ _Tocas tú la guitarra_ ?
   No, yo no toco la guitarra.

©1993 Instructional Fair, Inc.   12   IF0208 Spanish

---

7. ¿ _Visitan ustedes España_ ?
   Sí, nosotros visitamos España.

8. ¿ _Lleva ella un abrigo_ ?
   No, ella no lleva abrigo.

9. ¿ _Estudias tú ciencias_ ?
   Sí, yo estudio ciencias (science).

10. ¿ _Bailan ellos_ ?
    No, ellos no bailan.

11. ¿ _Hablas tú español_ ?
    Sí, yo hablo español.

12. ¿ _Mira él la televisión_ ?
    No, él no mira la televisión.

©1993 Instructional Fair, Inc.   13   IF0208 Spanish

Las preguntas

Conteste las preguntas según las fotos.
(Answer the questions according to the pictures.)

1. ¿Hablas tú inglés?
   Sí, yo hablo inglés.

2. ¿Qué habla él?
   Él habla español.

3. ¿Miran ellos la televisión?
   No, ellos no miran la televisión.

4. ¿Qué te gusta?
   Me gustan las palomitas.

5. ¿Nada usted?
   Sí, yo nado.

©1993 Instructional Fair, Inc.   14   IF0208 Spanish

---

6. ¿Escuchan ustedes la radio?
   Sí, nosotros escuchamos la radio.

7. ¿Llora ella?
   No, ella no llora.

8. ¿Qué tocas tú?
   Yo toco el piano.

9. ¿Cantan ellas?
   Sí, ellas cantan.

10. ¿Saludan ellos?
    Sí, ellos saludan.

11. ¿Qué estudia ella?
    Ella estudia español.

©1993 Instructional Fair, Inc.   15   IF0208 Spanish

Los adjetivos
Adjectives

An adjective is a word that describes a noun. In Spanish all nouns have gender. They are either masculine or feminine. Each adjective must agree with the gender of the noun it describes. So adjectives in Spanish have both masculine and feminine forms. Use the form that agrees with the gender of the noun.

I. For adjectives ending in -o in the masculine form, change the -o to -a to get the feminine form.

ejemplo: alto → alta (tall)
(masculine) (feminine)

bajo → baja (short)
bonito → bonita (pretty)
aburrido → aburrida (boring)

Write the feminine forms of each adjective below.

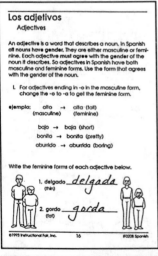

1. delgado _delgada_
   (thin)

2. gordo _gorda_
   (fat)

©1993 Instructional Fair, Inc.   16   IF0208 Spanish

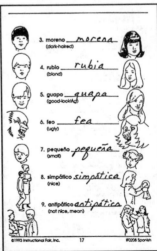

3. moreno _morena_
   (dark-haired)

4. rubio _rubia_
   (blond)

5. guapo _guapa_
   (good-looking)

6. feo _fea_
   (ugly)

7. pequeño _pequeña_
   (small)

8. simpático _simpática_
   (nice)

9. antipático _antipática_
   (not nice, mean)

©1993 Instructional Fair, Inc.   17   IF0208 Spanish

Los adjetivos

II. Most adjectives ending in -e or a consonant remain the same for both masculine and femine forms.

Masculine	Feminine

ejemplo: inteligente → inteligente (smart)
fácil → fácil (easy)

Here are several adjectives of this type:
excelente = excellent
grande = big
difícil = difficult
independiente = independent
paciente = patient
impaciente = impatient
interesante = interesting
inocente = innocent

Note: Adjectives generally come after the nouns they describe in Spanish.

ejemplo: an easy test = un examen fácil
a tall girl = una chica alta

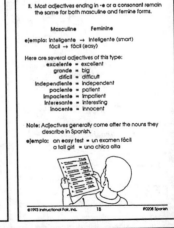

©1993 Instructional Fair, Inc.   18   IF0208 Spanish

©1993 Instructional Fair, Inc.

IF0208 Spanish

Panel 1 (page 19)

Fill in the blanks with the correct form of the underlined adjective in each phrase. Remember: Some adjectives change form because of gender.

1. a smart man = un hombre _inteligente_
2. a pretty woman = una mujer _bonita_
3. a big car = un carro _grande_
4. a thin book = un libro _delgado_
5. a dark-haired girl = una chica _morena_
6. an innocent baby = un niño _inocente_
7. a patient mother = una madre _paciente_
8. an independent country = un país _independiente_
9. a short boy = un chico _bajo_
10. a blond teacher = una maestra _rubia_
11. an ugly monster = un monstruo _feo_
12. an interesting class = una clase _interesante_
13. an excellent movie = un cine _excelente_
14. a difficult test = un examen _difícil_
15. a big house = una casa _grande_
16. a fat frog = un rana _grasa_

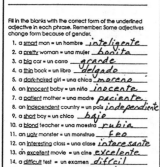

©1993 Instructional Fair, Inc.   19   IF0208 Spanish

Panel 2 (page 20)

Los adjectivos

Adjectives in Spanish must agree in number as well as gender. That is, if the noun is singular, then the adjectives describing it must also be singular. If the noun is plural, then the adjectives must also be plural.

To make an adjective plural . . .
1. add -s if it ends in a vowel.
   ejemplo: alto → altos
            grande → grandes

2. add -es if it ends in a consonant.
   ejemplo: fácil → fáciles

Most adjectives have four forms.

	singular	plural
masculine	alto	altos
feminine	alta	altas

If a group contains both masculine and feminine nouns, use the masculine plural form.

ejemplo: Los chicos y las chicas son altos.
(The boys and the girls are tall.)

©1993 Instructional Fair, Inc.   20   IF0208 Spanish

Panel 3 (page 21)

Fill in the blanks with the correct forms of the underlined adjectives.

1. small girls = las chicas _pequeñas_
2. interesting books = los libros _interesantes_
3. thin men = los hombres _delgados_
4. innocent people = las personas _inocentes_
5. difficult tests = los exámenes _difíciles_
6. boring classes = las clases _aburridas_
7. pretty women = las mujeres _bonitas_
8. excellent teachers = los maestros _excelentes_
9. ugly houses = las casas _feas_
10. big meals = las comidas _grandes_
11. nice oboys = los chicos _simpáticos_
12. impatient fathers = los padres _impacientes_

©1993 Instructional Fair, Inc.   21   IF0208 Spanish

Panel 4 (page 22)

Práctica con adjectivos

Escriba la forma correcta de los adjectivos.

1. (big) una casa _grande_
2. (short) un hombre _bajo_
3. (blond) una chica _rubia_
4. (boring) un maestro _aburrido_
5. (small) una clase _pequeña_
6. (excellent) un libro _excelente_
7. (tall) un elefante _alto_
8. (fat) unos cerdos _gordos_
9. (mean) unos monos _antipáticos_
10. (pretty) unas chicas _bonitas_
11. (ugly) un monstruo _feo_
12. (dark-haired) unos hombres _morenos_

©1993 Instructional Fair, Inc.   22   IF0208 Spanish

Panel 5 (page 23)

13. (thin) un chico _delgado_
14. (nice) una chica _simpática_
15. (good-looking) unos chicos _guapos_
16. (difficult) un problema _difícil_
17. (innocent) unos estudiantes _inocentes_
18. (easy) unos exámenes _fáciles_
19. (patient) una tortuga _paciente_
20. (smart) un conejo _inteligente_
21. (big) unos árboles _grandes_
22. (nice) un maestro _simpático_
23. (tall) unas chicas _altas_
24. (blond) un hombre _rubio_

©1993 Instructional Fair, Inc.   23   IF0208 Spanish

Panel 6 (page 24)

Ser
To be

The verb ser (to be) is used with adjectives to describe people or things. Ser does not follow a regular pattern like the -ar verbs. It is an irregular verb. Note its forms:

Ser

yo soy   nosotros/as somos
tú eres

usted   }   ustedes   }
él   } es   ellos   } son
ella   }   ellas   }

Conjugate the verb ser with the adjective alto (tall).

1. Yo _soy_ _alto/a_.
2. Tú _eres_ _alta_. (feminine)
3. Usted _es_ _alto_. (masculine)
4. Él _es_ _alto_.
5. Ella _es_ _alta_.
6. Nosotros _somos_ _altos_.
7. Nosotras _somos_ _altas_.
8. Ustedes _son_ _altos_. (masculine)
9. Ellos _son_ _altos_.
10. Ellas _son_ _altas_.

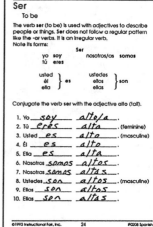

©1993 Instructional Fair, Inc.   24   IF0208 Spanish

Panel 7 (page 25)

Conjugate the verb ser with the following adjectives.

bajo (short)
1. Yo _soy_ _baja/a_.
2. Tú _eres_ _bajo_. (masculine)
3. Ella _es_ _baja_.
4. Nosotros _somos_ _bajos_.
5. Ellos _son_ _bajos_.
6. Ustedes _son_ _bajas_. (feminine)

inteligente (intelligent)
1. Tú _eres_ inteligente
2. Ellos _son_ inteligentes
3. Nosotras _somos_ inteligentes
4. Yo _soy_ inteligente
5. Ustedes _son_ inteligentes
6. Él _es_ inteligente
7. Ellos _son_ inteligentes
8. Usted _es_ inteligente

©1993 Instructional Fair, Inc.   25   IF0208 Spanish

Panel 8 (page 26)

Ser

Use the adjectives to describe the people and things listed. All adjectives are given in the masculine singular form. Be sure to make them agree!

1. Mónica – rico, simpático
   Mónica es rica.
   Mónica es simpática.

2. Roberto – inocente, alto
   Roberto es inocente.
   Roberto es alto.

3. Ana y María – paciente, rubio
   Ana y María son pacientes.
   Ana y María son rubias.

4. Marcos y Pablo – feo, impaciente
   Marcos y Pablo son feos.
   Marcos y Pablo son impacientes.

5. Pedro y Rosita – bajo, moreno
   Pedro y Rosita son bajos.
   Pedro y Rosita son morenos.

©1993 Instructional Fair, Inc.   26   IF0208 Spanish

Panel 9 (page 27)

6. Los libros – fácil, interesante
   Los libros son fáciles.
   Los libros son interesantes.

7. Nosotras – delgado, guapo
   Nosotras somos delgadas.
   Nosotras somos guapas.

8. Yo – alto, simpático
   Yo soy alto/a.
   Yo soy simpático/a.

9. La comida – excelente, grande
   La comida es excelente.
   La comida es grande.

10. Las casas – bonito, pequeño
    Las casas son bonitas.
    Las casas son pequeñas.

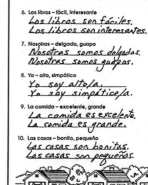

©1993 Instructional Fair, Inc.   27   IF0208 Spanish

©1993 Instructional Fair, Inc.   IF0208 Spanish

Las preguntas con ser

Conteste las preguntas. No se olvide del acuerdo de los adjetivos. (Answer the questions. Don't forget the agreement of the adjectives.) Use the pictures as clues for your answers.

ejemplos: ¿Es Mario rico?
Sí. Al es rico.

¿Es Eduardo estúpido?
No, él no es estúpido.
Él es inteligente.
(inteligente)

1. ¿Es la maestra estricta?
Sí, ella es estricta.

2. ¿Eres tú bajo?
No, yo no soy bajo.
(alto) Yo soy alto.

©1993 Instructional Fair, Inc.   28   IF0208 Spanish

---

3. ¿Son los monos cómicos?
Sí, ellos son cómicos.

4. ¿Son ustedes pacientes?
Sí, nosotros somos pacientes.

5. ¿Es Pepita morena?
No, ella no es morena.
(rubia) Ella es rubia.

6. ¿Es el libro interesante?
No, él no es interesante.
(aburrido) Él es aburrido.

7. ¿Es Alberto muy gordo?
Sí, él es muy gordo.

8. ¿Es Juana simpática? simpática.
No, ella no es
(antipática) Ella es antipática.

©1993 Instructional Fair, Inc.   29   IF0208 Spanish

Las profesiones

The names of some professions have different masculine and feminine forms. Those that end in -o usually change the -o to -a to form the feminine.

ejemplo: un maestro (m) → una maestra (f)
(a grade school teacher)

Those that end in -e or -a remain the same in both forms.

ejemplos: un cantante (m) → una cantante (f)
(a singer)

un artista (m) → una artista (f).
(an artist)

Some do not follow a special pattern, but have different forms for masculine and feminine.

ejemplos: un actor (m) → una actriz (f)
(an actor)   (an actress)

un profesor (m) → una profesora (f)
(a high school teacher)

un doctor (m) → una doctora (f)
(a doctor)

©1993 Instructional Fair, Inc.   30   IF0208 Spanish

These are common professions.

una enfermera	= a nurse
una secretaria	= a secretary
un ingeniero	= an engineer
un abogado	= a lawyer
un mecánico	= a mechanic
un técnico	= a technician
un piloto	= a pilot
un cocinero	= a cook
un fotógrafo	= a photographer
un músico	= a musician
un dentista	= a dentist
un periodista	= a journalist
un gerente	= a manager
un agricultor	= a farmer
un obrero	= a factory worker
un escritor	= a writer
un poeta	= a poet
un bailarín	= a dancer (m)
una bailarina	= a dancer (f)

©1993 Instructional Fair, Inc.   31   IF0208 Spanish

Ser con las profesiones

The indefinite articles (un, una) are not used with the professions after the verb ser unless they are modified by an adjective.

ejemplos: Gloria es cantante.
(Gloria is a singer.)

Gloria es una buena cantante.
(Gloria is a good singer.)

Fill in the blanks with the correct form of ser and the indicated professions.

1. Yo soy artista.
(artist)

2. Manuel es mecánico.
(mechanic)

3. Nosotros somos periodistas.
(journalist)

4. Anita es enfermera.
(nurse)

5. El Señor González es músico.
(musician)

©1993 Instructional Fair, Inc.   32   IF0208 Spanish

---

6. Whitney Houston es cantante.
(singer)

7. Mark Twain es escritor.
(writer)

8. Mi mamá es secretaria.
(secretary)

9. Mi papá es piloto.
(pilot)

10. Usted es cocinero.
(cook)

11. Patricia es dentista.
(dentist)

12. Tú eres fotógrafa.
(photographer)

13. Ellos son abogados.
(lawyer)

14. José es bailarín.
(dancer)

15. Ella es maestra.
(teacher)

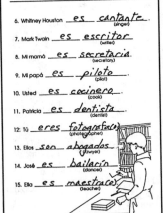

©1993 Instructional Fair, Inc.   33   IF0208 Spanish

La hora
The Time

To answer ¿Qué hora es? (What is the time?) follow the patterns below. Write the times as indicated.

On the hour:
Es la una.
Es la una.

Son las dos.
Son las dos.

Son las tres.
Son las tres.

Son las cuatro.
Son las cuatro.

©1993 Instructional Fair, Inc.   34   IF0208 Spanish

Es medianoche.
Es medianoche.

Es mediodía.
Es mediodía.

Son las cinco y cinco.
Son las cinco y cinco.

Son las ocho y cuarto.
Son las ocho y cuarto.

Son las diez y veinticinco.
Son las diez y veinticinco.

©1993 Instructional Fair, Inc.   35   IF0208 Spanish

La hora

Escriba las horas de los relojes.
(Write the times shown on the clocks.)

Son las nueve y media.
Son las nueve y media.

Son las diez menos veinte.
Son las diez menos veinte.

Son las diez menos cuarto.
Son las diez menos cuarto.

Son las diez menos diez.
Son las diez menos diez.

Son las diez menos cinco.
Son las diez menos cinco.

©1993 Instructional Fair, Inc.   36   IF0208 Spanish

©1993 Instructional Fair, Inc.

IF0208 Spanish

Son las seis.

Son las once y cuarto.

Es la una y media.

Son las dos menos cuarto.

Son las siete y veinte.

Son las cuatro menos cinco.

Son las ocho y veinticinco.

©1993 Instructional Fair, Inc.   37   IF0208 Spanish

La hora

A is used to tell at what time something will take place.

ejemplos: ¿A qué hora es la clase de español?
(At what time is the Spanish class?)

La clase es a las ocho.
(The class is at eight o'clock.)

To be more specific about the time use . . .

de la mañana = in the morning/a.m.

de la tarde = in the afternoon/p.m.

de la noche = in the evening/p.m.

Mire el horario y conteste las preguntas.
(Look at the schedule and answer the questions.)
Be sure to include a.m. or p.m.

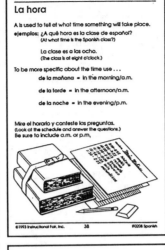

©1993 Instructional Fair, Inc.   38   IF0208 Spanish

---

1. ¿A qué hora es la clase de inglés?
La clase es a las nueve de la mañana.

2. ¿A qué hora es el almuerzo?
El almuerzo es a las once y veinte de la mañana.

3. ¿A qué hora es la clase de geografía?
La clase es a las diez y veinte de la mañana.

4. ¿A qué hora es la clase de arte?
La clase es a las doce y media de la tarde.

5. ¿A qué hora es el recreo?
El recreo es a las diez de la mañana.

6. ¿A qué hora es la clase de matemáticas?
La clase es a la una y media de la tarde.

7. ¿A qué hora es la clase de historia?
La clase es a las ocho de la mañana.

8. ¿A qué hora terminan las clases?
Las clases terminan a las dos y veinticinco de tarde.

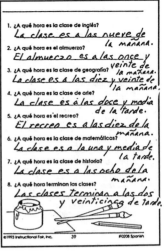

©1993 Instructional Fair, Inc.   39   IF0208 Spanish

Los números
Numbers

Escriba los números en español.

51 cincuenta y uno	52 cincuenta y dos	53 cincuenta y tres
cincuenta y uno	cincuenta y dos	cincuenta y tres
54 cincuenta y cuatro	**55** cincuenta y cinco	**56** cincuenta y seis
cincuenta y cuatro	cincuenta y cinco	cincuenta y seis
57 cincuenta y siete	**58** cincuenta y ocho	**59** cincuenta y nueve
cincuenta y siete	cincuenta y ocho	cincuenta y nueve
60 sesenta	**61** sesenta y uno	**62** sesenta y dos
sesenta	sesenta y uno	sesenta y dos
63 sesenta y tres	**64** sesenta y cuatro	**65** sesenta y cinco
sesenta y tres	sesenta y cuatro	sesenta y cinco
66 sesenta y seis	**67** sesenta y siete	**68** sesenta y ocho
sesenta y seis	sesenta y siete	sesenta y ocho

©1993 Instructional Fair, Inc.   40   IF0208 Spanish

---

69 sesenta y nueve	70 setenta	71 setenta y uno
sesenta y nueve	setenta	setenta y uno
72 setenta y dos	**73** setenta y tres	**74** setenta y cuatro
setenta y dos	setenta y tres	setenta y cuatro
75 setenta y cinco	**76** setenta y seis	**77** setenta y siete
setenta y cinco	setenta y seis	setenta y siete
78 setenta y ocho	**79** setenta y nueve	**80** ochenta
setenta y ocho	setenta y nueve	ochenta
81 ochenta y uno	**82** ochenta y dos	**83** ochenta y tres
ochenta y uno	ochenta y dos	ochenta y tres
84 ochenta y cuatro	**85** ochenta y cinco	**86** ochenta y seis
ochenta y cuatro	ochenta y cinco	ochenta y seis

©1993 Instructional Fair, Inc.   41   IF0208 Spanish

Los números

87 ochenta y siete	88 ochenta y ocho	89 ochenta y nueve
ochenta y siete	ochenta y ocho	ochenta y nueve
90 noventa	**91** noventa y uno	**92** noventa y dos
noventa	noventa y uno	noventa y dos
93 noventa y tres	**94** noventa y cuatro	**95** noventa y cinco
noventa y tres	noventa y cuatro	noventa y cinco
96 noventa y seis	**97** noventa y siete	**98** noventa y ocho
noventa y seis	noventa y siete	noventa y ocho
99 noventa y nueve	**100** cien	**101** ciento uno
noventa y nueve	cien	ciento uno
200 doscientos	**201** doscientos uno	**300** trescientos
doscientos	doscientos uno	trescientos

©1993 Instructional Fair, Inc.   42   IF0208 Spanish

---

303 trescientos tres	400 cuatrocientos	404 cuatrocientos cuatro
trescientos tres	cuatrocientos	cuatrocientos cuatro
500 quinientos	**600** seiscientos	**700** setecientos
quinientos	seiscientos	setecientos
800 ochocientos	**900** novecientos	**1,000** mil
ochocientos	novecientos	mil
1,100 mil cien	**1,500** mil quinientos	**2,000** dos mil
mil cien	mil quinientos	dos mil
10,000 diez mil	**100,000** cien mil	**1,000,000** un millón
diez mil	cien mil	un millón
2,000,000 dos millones		
dos millones		

Note: Ciento/os changes to cienta/as when used with feminine nouns.

ejemplos: doscientos chicos
doscientas chicas

©1993 Instructional Fair, Inc.   43   IF0208 Spanish

Práctica con los números

sesenta y uno   sesenta y dos   sesenta y tres

Escriba los números en español.

1. 67 sesenta y siete
2. 181 ciento ochenta y uno
3. 92 noventa y dos
4. 74 setenta y cuatro
5. 243 doscientos cuarenta y tres
6. 515 quinientos quince
7. 926 novecientos veintiséis
8. 304 trescientos cuatro
9. 1,200 mil doscientos
10. 4,000 cuatro mil
11. 500,126 quinientos mil ciento veintiséis
12. 1,894,034 un millón ochocientos noventa y cuatro mil treinta y cuatro
13. 3,600,012 tres millones seiscientos mil doce
14. 987,651 novecientos ochenta y siete mil seiscientos cincuenta y uno

©1993 Instructional Fair, Inc.   44   IF0208 Spanish

Escriba los números.

1. trescientos noventa y tres   393
2. cincuenta y cuatro   54
3. ocho mil siete   8,007
4. mil ciento uno   1,101
5. setecientos trece   713
6. dos mil once   2,011
7. un millón catorce   1,000,014
8. novecientos dos   902
9. quinientos   500
10. quince mil   15,000
11. un millón seiscientos   1,000,600
12. diez mil veintitrés   16,022
13. setecientos treinta   730
14. catorce millones   14,000,000
15. cinco mil quinientos   5,500

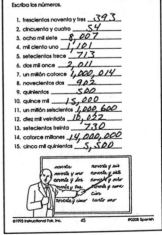

©1993 Instructional Fair, Inc.   45   IF0208 Spanish

©1993 Instructional Fair, Inc.

IF0208 Spanish

¿Cuántos son?

Escriba el problema y dé la respuesta en español. (Write each problem and give the answer in Spanish.)

ejemplo:
mil seiscientos once   1,611
+ dos mil doscientos   + 2,200
tres mil ochocientos once   3,811

1. quinientos treinta y uno   531
+ novecientos catorce   + 914
mil cuatrocientos   1,445
cuarenta y cinco

2. setecientos ochenta   780
+ mil ochocientos uno   + 1,801
dos mil quinientos   2,581
ochenta y uno

3. cuatro mil seiscientos   4,600
- cuatrocientos seis   - 406
cuatro mil ciento   4,194
noventa y cuatro

4. diez mil ciento diecisiete   10,117
+ mil quinientos setenta   + 1,570
ocho mil quinientos   8,547
cuarenta y siete

Write how you would say the following years in Spanish.

ejemplo: 1993 – mil novecientos noventa y tres

1492   *mil cuatrocientos noventa y dos*

1776   *mil setecientos setenta y seis*

1955   *mil novecientos cincuenta y cinco*

1812   *mil ochocientos doce*

1548   *mil quinientos cuarenta y ocho*

1637   *mil seiscientos treinta y siete*

MÉXICO   ESPAÑA

Estar
To be

You have already learned the verb ser (to be). In Spanish there is another verb (estar) which also means "to be." Study its forms below.

Estar

yo estoy	
tú estás	nostros/as estamos
usted	ustedes
él } está	ellos } están
ella	ellas

Ser and estar are not interchangeable. Ser is used to identify or describe. It tells what something is, its basic characteristics, or its origin.

ejemplo: Manuel es maestro. (Manuel is a teacher.)
(identifies who he is)

Manuel es alto. (Manuel is tall.)
(describes him)

Manuel es de California. (Manuel is from California.)
(tells where he's from)

Estar is used to tell the location of something or how someone feels.

ejemplo: Manuel está en la casa. (Manuel is at home.)
(tells where he is)

Manuel está triste. (Manuel is sad.)
(tells how he feels)

Fill in the blanks with the correct forms of estar.

1. Nosotras **estamos** en Nueva York.
2. Ellos **están** tristes.
3. Yo no **estoy** listo. (ready)
4. ¿**Estás** tú contento? (happy)
5. Susana **está** en la escuela hoy.

Decide whether to use the verb ser or estar and fill in the blanks with the correct forms.

1. Ella **es** de Florida.
2. Nosotros **somos** inteligentes.
3. Miguel y Ana **están** en la playa.
4. Mi papá **es** moreno.
5. La familia **es** de México.
6. Yo **estoy** en España.
7. Tú no **estás** contenta.
8. Ustedes **están** en la piscina.

¿Dónde?
Where?

The phrases below can be used to answer the question "¿Dónde?"

Escriba las frases en español.

en la campaña   *en la campaña*

en la ciudad   *en la ciudad*

en la escuela   *en la escuela*

en el restaurante   *en el restaurante*

en la playa   *en la playa*

en el aeropuerto   *en el aeropuerto*

en la piscina   *en la piscina*

en la casa   *en la casa*

en el cine   *en el cine*

en la oficina   *en la oficina*

en España   *en España*

en el teatro   *en el teatro*

en los Estados Unidos   *en los Estados Unidos*

en México   *en México*

¿Dónde?

Answer the questions according to the pictures.

1. ¿Dónde está Cecilia?
Ella está en la escuela.

2. ¿Dónde está Juan?
Él está en la piscina.

3. ¿Dónde estás tú?
Yo estoy en la casa.

4. ¿Dónde están ellos?
Ellos están en el restaurante.

5. ¿Dónde está usted?
Yo estoy en la oficina.

6. ¿Dónde están ustedes? en el cine
Nosotros estamos.

---

7. ¿Dónde nadan José y Adela?
Ellos nadan en la playa.

8. ¿Dónde trabaja Marta?
Ella trabaja en la oficina.

9. ¿Dónde están los chicos?
Ellos están en los Estados Unidos.

10. ¿Dónde estudias tú?
Yo estudio en la casa.

12. ¿Dónde están los actores?
Ellas están en el teatro.

12. ¿Dónde está el avión? (plane)
Él está en el aeropuerto.

Ir
To go

Ir (to go) is another irregular verb. Study its forms below.

Ir

yo voy	
tú vas	nostros/as vamos
usted	ustedes
él } va	ellos } van
ella	ellas

Ir is usually followed by a (to). Note that when a is followed by el (the), the two combine to form al.

A combines with ¿dónde? (¿adónde?) to ask where someone is going.

Here are some places you might go.

la biblioteca = the library
el café = the café
el museo = the museum
la escuela = the school
el parque = the park
el hotel = the hotel
la estación = the train station

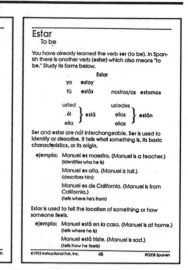

Panel 1 (page 55)

Answer the following questions using Ir and the place in the picture.

1. ¿Adónde vas tú?
   Yo voy a la escuela.

2. ¿Adónde va Rosita?
   Ella va al parque.

3. ¿Adónde van Juan y Carlos?
   Ellos van a la playa.

4. ¿Adónde van ustedes?
   Nosotros vamos a la estación.

5. ¿Adónde van los turistas?
   Ellos van al hotel.

6. ¿Adónde va usted?
   Yo voy al café.

7. ¿Adónde va Fernando?
   Él va al aeropuerto.

8. ¿Adónde va Carlota?
   Ella va al cine.

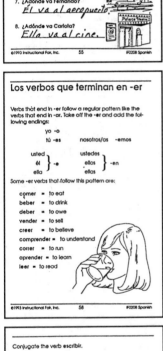

©1993 Instructional Fair, Inc.   55   IF0208 Spanish

Panel 2 (page 56)

Ir

Ir is followed by a + an infinitive to tell what is going to happen in the future.

ejemplo: Yo voy a viajar mañana.
(I'm going to travel tomorrow.)

Tell what the following people are going to do tomorrow by combining the given elements.

ejemplo: Adán/trabajar
Adán va a trabajar mañana.

1. Lola/cantar
   Lola va a cantar mañana.
2. Cristina y Ana/bailar
   Cristina y Ana van a bailar mañana.
3. Los chicos/estudiar
   Los chicos van a estudiar mañana.
4. Yo/caminar
   Yo voy a caminar mañana.
5. Nosotras/contestar
   Nosotras vamos a contestar mañana.
6. Las hermanas/visitar
   Las hermanas van a visitar mañana.
7. Manuel/trabajar
   Manuel va a trabajar mañana.

©1993 Instructional Fair, Inc.   56   IF0208 Spanish

Panel 3 (page 57)

If you make a sentence with two verbs negative, be sure to put no before the first verb.

ejemplo: No, yo no voy a cantar.
(No, I'm not going to sing.)

Conteste las preguntas en español.

1. ¿Vas a estudiar tú mañana?
   Sí, *yo voy a estudiar mañana.*

2. ¿Van a llorar las chicas?
   Sí, *ellas van a llorar.*

3. ¿Van a hablar ustedes en clase?
   No, *nosotros no vamos a hablar en clase.*

4. ¿Va a escuchar ella?
   Sí, *ella va a escuchar.*

5. ¿Va a mirar la televisión él?
   No, *él no va a mirar la televisión.*

6. ¿Va a comprar ropa usted?
   No, *yo no voy a comprar ropa.*

7. ¿Vas a nadar tú mañana?
   Sí, *yo voy a nadar mañana.*

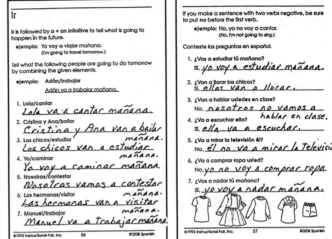

©1993 Instructional Fair, Inc.   57   IF0208 Spanish

Panel 4 (page 58)

Los verbos que terminan en -er

Verbs that end in -er follow a regular pattern like the verbs that end in -ar. Take off the -er and add the following endings:

yo -o
tú -es   nosotros/as -emos
usted }
él   } -e   ustedes }
ella   ellos   } -en
                ellas

Some -er verbs that follow this pattern are:

comer = to eat
beber = to drink
deber = to owe
vender = to sell
creer = to believe
comprender = to understand
correr = to run
aprender = to learn
leer = to read

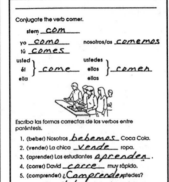

©1993 Instructional Fair, Inc.   58   IF0208 Spanish

Panel 5 (page 59)

Conjugate the verb comer.

stem *com*

yo *como*   nosotros/as *comemos*
tú *comes*
usted }
él   } *come*   ustedes }
ella   ellos } *comen*
                  ellas

Escriba las formas correctas de los verbos entre paréntesis.

1. (beber) Nosotros *bebemos* Coca Cola.
2. (vender) La chica *vende* ropa.
3. (aprender) Los estudiantes *aprenden*.
4. (correr) David *corre* muy rápido.
5. (comprender) ¿*Comprenden* ustedes?
6. (deber) Yo *debo* cincuenta pesos.
7. (comer) ¿*Comes* tú mucho?
8. (creer) Ella no *cree* la respuesta.
9. (leer) Usted *lee* el libro.
10. (beber) Yo *bebo* el café.

©1993 Instructional Fair, Inc.   59   IF0208 Spanish

Panel 6 (page 60)

Los verbos que terminan en -ir

Verbs that end in -ir also follow a regular pattern. It is the same as the pattern for -er verbs except for the nosotros form. The ir verb endings are:

yo -o
tú -es   nosotros/as -imos
usted }
él   } -e   ustedes }
ella   ellos   } -en
                ellas

Some -ir verbs that follow this patten are:

escribir = to write
asistir (a) = to attend
decidir = to decide
subir = to go up
abrir = to open
recibir = to receive
vivir = to live
cumplir años = to have a birthday

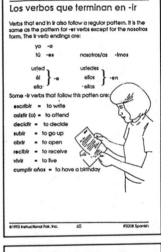

©1993 Instructional Fair, Inc.   60   IF0208 Spanish

Panel 7 (page 61)

Conjugate the verb escribir.

stem *escrib*

yo *escribo*   nosotros/as *escribimos*
tú *escribes*
usted }
él   } *escribe*   ustedes }
ella   ellos } *escriben*
                    ellas

Escriba las formas correctas de los verbos entre paréntesis.

1. (decidir) Ella no *decide* rápidamente.
2. (vivir) ¿*Viven* ustedes en México?
3. (abrir) El cine *abre* a las diez.
4. (recibir) Yo *recibo* buenas notas.
5. (asistir) Nosotros *asistimos* a la escuela.
6. (cumplir) Eduardo *cumple* años hoy.
7. (subir) ¿*Subes* tú las escaleras (steps)?
8. (escribir) Stephen King *escribe* novelas.
9. (abrir) ¿*Abre* usted la puerta (door)?
10. (cumplir) Ellos *cumplen* siete años.

©1993 Instructional Fair, Inc.   61   IF0208 Spanish

Panel 8 (page 62)

El Imperativo
The Imperative

When you tell someone to do something you use the command form of a verb, the imperative (el imperativo).

To give a command to someone you know well using a regular verb, use the tú form of the verb minus the -s. As in English, the "you" (tú) is understood.

ejemplo: Tú bailas. (You dance. You are dancing.)
¡Baila! (Dance!)

To practice, tell your friend to do the following things.

Sing! *¡Canta!*
Speak Spanish! *¡Habla español!*
Watch T.V.! *¡Mira la televisión!*
Swim! *¡Nada!*
Eat! *¡Come!*
Listen! *¡Escucha!*
Run! *¡Corre!*
Answer! *¡Contesta!*

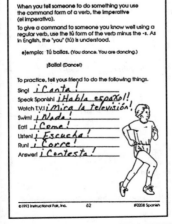

©1993 Instructional Fair, Inc.   62   IF0208 Spanish

Panel 9 (page 63)

To give a command to someone you address as usted, use the yo form of the verb. Drop the final o and add the opposite vowel ending. (-ar commands end in -er, -er commands end in -a)

ejemplo: Usted baila. (You dance./You are dancing.)
¡Baile! (Dance!)

To practice, tell your older neighbor to do the following things.

Sing! *¡Cante!*
Speak Spanish! *¡Hable español!*
Watch T.V.! *¡Mire la televisión!*
Swim! *¡Nade!*
Eat! *¡Coma!*
Listen! *¡Escuche!*
Run! *¡Corra!*
Answer! *¡Conteste!*

©1993 Instructional Fair, Inc.   63   IF0208 Spanish

Anita

Lea el párrafo y conteste las preguntas. (Read the paragraph and answer the questions.)

Anita vive en Santiago. Ella es de Chile. Ella habla español y habla inglés también. Le gusta la clase de inglés en la escuela. Ella es muy inteligente, pero no le gusta la profesora de biología. Le gusta mucho la clase de geografía. Le gusta llevar una camiseta y unos bluejeans a la escuela. Le gusta cantar y bailar.

1. ¿Dónde vive Anita?
   Ella vive en Santiago.
2. ¿Es Anita de México?
   No, ella es de Chile.
3. ¿Qué clases le gustan a Anita?
   Le gustan las clases de inglés *y geografía.*
4. ¿Qué le gusta llevar a la escuela?
   Le gusta llevar una camiseta *y bluejeans.*
5. ¿Habla Anita francés?
   No, ella habla español e *inglés.*

©1993 Instructional Fair, Inc. 64 IF0208 Spanish

Pablo

Lea el párrafo y conteste las preguntas.

Pablo es muy deportivo. Le gusta el fútbol. Él es alto, rubio, y perfecto. Él está en la campaña. Él trabaja con su tío. Le gusta la campaña. No le gusta la escuela, las clases, o los maestros. Le gustan los estudiantes y, sobre todo, las chicas bonitas. Pablo y sus amigos escuchan la radio y miran la televisión.

1. ¿Es Pablo deportivo?
   Sí, él es muy deportivo.
2. ¿Es Pablo bajo y moreno?
   No, él no es bajo y moreno.
3. ¿Dónde está Pablo? Él es alto y rubio.
   Él está en la campaña.
4. ¿Estudia él en la campaña?
   No, él trabaja en la campaña.
5. ¿Le gusta la escuela?
   No, no le gusta la escuela.

©1993 Instructional Fair, Inc. 65 IF0208 Spanish

Mónica y Carlos

Lea los párrafos y conteste las preguntas.

¡Hola! Me llamo Mónica Sánchez. Yo soy de España. Yo soy la amiga (friend) de Carlos Molina.

Carlos es de los Estados Unidos. Carlos es fantástico. Él es bajo, rubio, y sincero. Le gustan los deportes. A mí también. Nos gusta el tenis y el fútbol. No nos gusta nadar o correr.

Yo soy estudiante en una escuela en Barcelona. Carlos es estudiante en una escuela en Tarragona. Me gusta la clase de historia y me gustan mucho las matemáticas. A Carlos no le gustan las matemáticas, pero a él le gusta la clase de historia también. Nosotros somos inteligentes.

1. ¿Es Mónica de los Estados Unidos?
   No, ella es de España.
2. ¿Es Carlos de España?
   No, él es de los Estados Unidos.

©1993 Instructional Fair, Inc. 66 IF0208 Spanish

---

3. ¿Cómo es Carlos?
   Carlos es bajo, rubio y sincero.
4. ¿A Carlos le gustan los deportes?
   Sí, le gustan los deportes.
5. ¿A Mónica también le gustan los deportes?
   Sí, le gustan también los deportes.
6. ¿A ellos les gusta correr?
   No, no les gusta correr.
7. ¿Dónde está la escuela de Mónica?
   La escuela está en Barcelona.
8. ¿Dónde está la escuela de Carlos?
   La escuela está en Tarragona.
9. ¿A Mónica le gusta la historia?
   Sí, le gusta la historia.
10. ¿Son ellos inteligentes?
    Sí, ellos son inteligentes.

©1993 Instructional Fair, Inc. 67 IF0208 Spanish

Un repaso

Use the clues to solve the crossword puzzle on page 69.

Across

5. where en español
6. worn in cold weather
7. yo form of ir
8. opposite of correr
10. se habla en España
11. opposite of alta
13. yo form of estar
14. opposite of delgado
16. opposite of antipático
18. tú form of escribir

Down

1. donde trabajan los actores
2. to live
3. yo form of ser
4. donde vamos a nadar
5. 20 en español
9. él trabaja en un avión
12. nosotros form of ser
15. worn by girls
17. veinte + ochenta
19. to go

©1993 Instructional Fair, Inc. 68 IF0208 Spanish

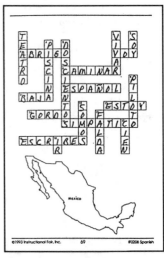

México

©1993 Instructional Fair, Inc. 69 IF0208 Spanish

Buscapalabras

Write the following words in Spanish.

1. to be *ser*
2. boring *aburrido*
3. to cry *llorar*
4. easy *fácil*
5. factory worker *obrero*
6. good-looking *guapo*
7. to greet *saludar*
8. journalist *periodista*
9. lawyer *abogado*
10. midnight *medianoche*
11. nurse *enfermera*
12. to open *abrir*
13. to read *leer*
14. sad *triste*
15. sandals *sandalias*
16. shoes *zapatos*
17. sixty *sesenta*
18. tie *corbata*
19. what *qué*
20. to work *trabajar*

©1993 Instructional Fair, Inc. 70 IF0208 Spanish

Repaso

I. Choose a verb from the list and write it in the correct form in the sentence.

trabajar	escuchar	comer
tocar	llevar	ir
hablar	ser	beber
nadar	estar	cumplir

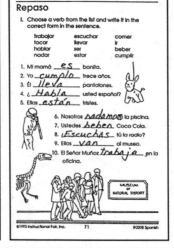

1. Mi mamá *es* bonita.
2. Yo *cumplo* trece años.
3. Él *lleva* pantalones.
4. ¿ *Habla* usted español?
5. Ellas *están* tristes.
6. Nosotros *nadamos* la piscina.
7. Ustedes *beben* Coca Cola.
8. ¿ *Escuchas* tú la radio?
9. Ellos *van* al museo.
10. El Señor Muñoz *trabaja* en la oficina.

©1993 Instructional Fair, Inc. 71 IF0208 Spanish

II. Escriba los números.

1. cincuenta *50*   6. setenta y dos *72*
2. trescientos *300*   7. noventa y uno *91*
3. mil *1,000*   8. un millón *1,000,000*
4. quinientos *500*   9. cuatro mil *4,000*
5. setecientos *700*   10. sesenta *60*

trescientos + setecientos mil

III. Identifica la ropa en las fotos.

1. *la chaqueta* 2. *los calcetines* 3. *la camisa*
4. *el suéter* 5. *la camiseta* 6. *el vestido*
7. *el abrigo* 8. *el traje de baño* 9. *los zapatos*

©1993 Instructional Fair, Inc. 72 IF0208 Spanish

©1993 Instructional Fair, Inc. IF0208 Spanish

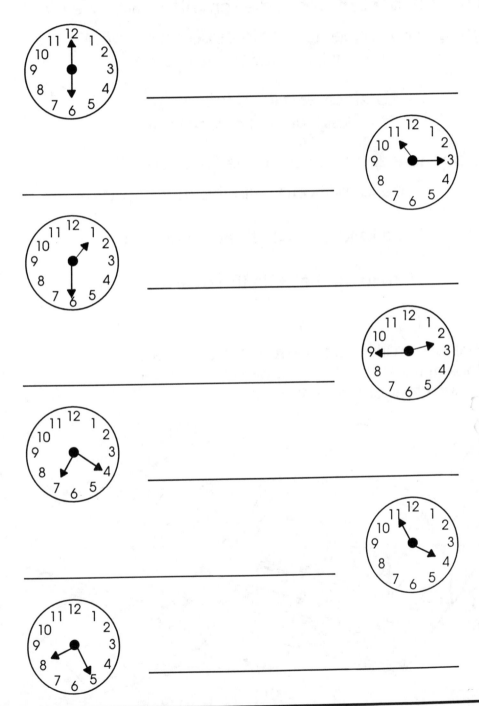

_____

_____

_____

_____

_____

_____

_____

La hora

A is used to tell **at** what time something will take place.

ejemplos: ¿**A** qué hora es la clase de español?
(At what time is the Spanish class?)

La clase es **a** las ocho.
(The class is **at** eight o'clock.)

To be more specific about the time use . . .

de la mañana = in the morning/a.m.

de la tarde = in the afternoon/p.m.

de la noche = in the evening/p.m.

Mire el horario y conteste las preguntas.
(Look at the schedule and answer the questions.)
Be sure to include a.m. or p.m.

1. ¿A qué hora es la clase de inglés?

_____

2. ¿A qué hora es el almuerzo?

_____

3. ¿A qué hora es la clase de geografía?

_____

4. ¿A qué hora es la clase de arte?

_____

5. ¿A qué hora es el recreo?

_____

6. ¿A qué hora es la clase de matemáticas?

_____

7. ¿A qué hora es la clase de historia?

_____

8. ¿A qué hora terminan las clases?

_____

Los números
Numbers

Escriba los números en español.

5 1
cincuenta y uno
_____
_____

5 2
cincuenta y dos
_____
_____

5 3
cincuenta y tres
_____
_____

5 4
cincuenta y cuatro
_____

5 5
cincuenta y cinco
_____

5 6
cincuenta y seis
_____

5 7
cincuenta y siete
_____

5 8
cincuenta y ocho
_____

5 9
cincuenta y nueve
_____

6 0
sesenta
_____

6 1
sesenta y uno
_____

6 2
sesenta y dos
_____

6 3
sesenta y tres
_____

6 4
sesenta y cuatro
_____

6 5
sesenta y cinco
_____

6 6
sesenta y seis
_____
_____

6 7
sesenta y siete
_____
_____

6 8
sesenta y ocho
_____
_____

69
sesenta y nueve

_____

70
setenta

_____

71
setenta y uno

_____

72
setenta y dos

_____

73
setenta y tres

_____

74
setenta y cuatro

_____

75
setenta y cinco

_____

76
setenta y seis

_____

77
setenta y siete

_____

78
setenta y ocho

_____

79
setenta y nueve

_____

80
ochenta

_____

81
ochenta y uno

_____

82
ochenta y dos

_____

83
ochenta y tres

_____

84
ochenta y cuatro

_____

85
ochenta y cinco

_____

86
ochenta y seis

_____

_____

Los números

87
ochenta y siete

88
ochenta y ocho

89
ochenta y nueve

_____

_____

_____

90
noventa

91
noventa y uno

92
noventa y dos

_____

_____

_____

93
noventa y tres

94
noventa y cuatro

95
noventa y cinco

_____

_____

_____

96
noventa y seis

97
noventa y siete

98
noventa y ocho

_____

_____

_____

99
noventa y nueve

100
cien

101
ciento uno

_____

_____

_____

200
doscientos

201
doscientos uno

300
trescientos

_____

_____

_____

303
trescientos tres

_____

400
cuatrocientos

_____

404
cuatrocientos cuatro

_____

500
quinientos

_____

600
seiscientos

_____

700
setecientos

_____

800
ochocientos

_____

900
novecientos

_____

1,000
mil

_____

1,100
mil cien

_____

1,500
mil quinientos

_____

2,000
dos mil

_____

10,000
diez mil

_____

100,000
cien mil

_____

1,000,000
un millón

_____

2,000,000
dos millones

_____

_____

Note: Ciento/os changes to cienta/as when used with feminine nouns.

ejemplos: doscient**os** chicos
doscient**as** chicas

Práctica con los números

sesenta y uno

sesenta y dos

sesenta y tres

sesenta y cuat

Escriba los números en español.

1. 67 _____

2. 181 _____

3. 92 _____

4. 74 _____

5. 243 _____

6. 515 _____

7. 926 _____

8. 304 _____

9. 1,200 _____

10. 4,000 _____

11. 500,126 _____

12. 1,894,037 _____

_____

13. 3,600,012 _____

_____

14. 987,651 _____

_____

Escriba los números.

1. trescientos noventa y tres _____

2. cincuenta y cuatro _____

3. ocho mil siete _____

4. mil ciento uno _____

5. setecientos trece _____

6. dos mil once _____

7. un millón catorce _____

8. novecientos dos _____

9. quinientos _____

10. quince mil _____

11. un millón seiscientos _____

12. diez mil veintidós _____

13. setecientos treinta _____

14. catorce millones _____

15. cinco mil quinientos _____

¿Cuántos son?

Escriba el problema y dé la respuesta en español. (Write each problem and give the answer in Spanish.)

ejemplo: mil seiscientos once   1.611

    + dos mil doscientos   + 2,200

        tres mil ochocientos once   3,811

1.   quinientos treinta y uno   _____

    +   novecientos catorce   + _____

    _____   _____

2.   setecientos ochenta   _____

    +   mil ochocientos uno   + _____

    _____   _____

3.   cuatro mil seiscientos   _____

    –   cuatrocientos seis   – _____

    _____   _____

4.   diez mil ciento diecisiete   _____

    +   mil quinientos setenta   + _____

    _____   _____

Write how you would say the following years in Spanish.

ejemplo: 1993 – **mil novecientos noventa y tres**

1492 _____

_____

1776 _____

_____

1955 _____

_____

1812 _____

_____

1548 _____

_____

1637 _____

_____

MÉXICO   **ESPAÑA**

Estar
To be

You have already learned the verb **ser** (to be). In Spanish there is another verb (**estar**) which also means "to be." Study its forms below.

Estar

yo	**estoy**		
tú	**estás**	nostros/as	**estamos**

usted
él   } **está**
ella

ustedes
ellos } **están**
ellas

Ser and **estar** are not interchangeable. **Ser** is used to **identify** or **describe**. It tells **what** something is, its **basic characteristics**, or its **origin**.

ejemplo: Manuel **es** maestro. (Manuel is a teacher.)
(identifies who he is)

Manuel **es** alto. (Manuel is tall.)
(describes him)

Manuel **es** de California. (Manuel is from California.)
(tells where he's from)

Estar is used to tell the **location** of something or how someone **feels**.

ejemplo: Manuel **está** en la casa. (Manuel is at home.)
(tells where he is)

Manuel **está** triste. (Manuel is sad.)
(tells how he feels)

Fill in the blanks with the correct forms of **estar**.

1. **Nosotras** _____ **en Nueva York.**

2. **Ellos** _____ **tristes.**

3. **Yo no** _____ **listo.** (ready)

4. **¿** _____ **tú contento?** (happy)

5. **Susana** _____ **en la escuela hoy.**

Decide whether to use the verb **ser** or **estar** and fill in the blanks with the correct forms.

1. **Ella** _____ **de Florida.**

2. **Nosotros** _____ **inteligentes.**

3. **Miguel y Ana** _____ **en la playa.**

4. **Mi papá** _____ **moreno**

5. **La familia** _____ **de México.**

6. **Yo** _____ **en España.**

7. **Tú no** _____ **contenta.**

8. **Ustedes** _____ **en la piscina.**

¿Dónde?
Where?

The phrases below can be used to answer the question **"¿Dónde"?**

Escriba las frases en español.

en la campaña

en la ciudad

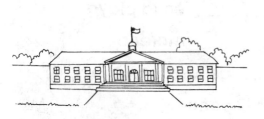

en la escuela

en el restaurante

en la playa

en el aeropuerto

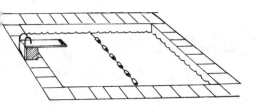

en la piscina

en la casa

en el cine

en la oficina

en España

en el teatro

en los Estados Unidos

en México

¿Dónde?

Answer the questions according to the pictures.

1. **¿Dónde está Cecilia?**

_____

2. **¿Dónde está Juan?**

_____

3. **¿Dónde estás tú?**

_____

4. **¿Dónde están ellos?**

_____

5. **¿Dónde está usted?**

_____

6. **¿Dónde están ustedes?**

_____

7. **¿Dónde nadan José y Adela?**

_____

8. **¿Dónde trabaja Marta?**

_____

9. **¿Dónde están los chicos?**

_____

10. **¿Dónde estudias tú?**

_____

12. **¿Dónde están los actores?**

_____

12. **¿Dónde está el avión?** (plane)

_____

Ir

To go

Ir (to go) is another irregular verb. Study its forms below.

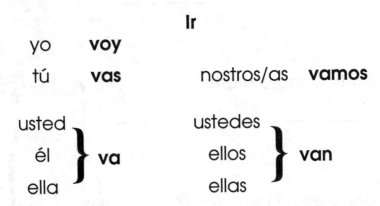

Ir

yo	**voy**		
tú	**vas**	nostros/as	**vamos**

usted
él $\Big\}$ **va**
ella

ustedes
ellos $\Big\}$ **van**
ellas

Ir is usually followed by **a** (to). Note that when **a** is followed by **el** (the), the two combine to form **al**.

A combines with **¿dónde?** (**¿adónde?**) to ask where someone is going.

Here are some places you might go.

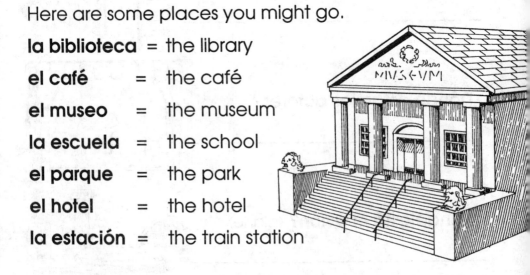

la biblioteca = the library

el café = the café

el museo = the museum

la escuela = the school

el parque = the park

el hotel = the hotel

la estación = the train station

Answer the following questions using **ir a** and the place in the picture.

1. **¿Adónde vas tú?**

   _____

2. **¿Adónde va Rosita?**

   _____

3. **¿Adónde van Juan y Carlos?**

   _____

4. **¿Adónde van ustedes?**

   _____

5. **¿Adónde van los turistas?**

   _____

6. **¿Adónde va usted?**

   _____

7. **¿Adónde va Fernando?**

   _____

8. **¿Adónde va Carlota?**

   _____

Ir

Ir is followed by **a + an infinitive** to tell what is going to happen in the future.

    ejemplo: Yo **voy a viajar** mañana.
            (I'm going to travel tomorrow.)

Tell what the following people are going to do tomorrow by combining the given elements.

    ejemplo: **Adán/trabajar**

        <u>Adán va a trabajar mañana.</u>

1. **Lola/cantar**

   _____

2. **Cristina y Ana/bailar**

   _____

3. **Los chicos/estudiar**

   _____

4. **Yo/caminar**

   _____

5. **Nosotras/contestar**

   _____

6. **Las hermanas/visitar**

   _____

7. **Manuel/trabajar**

   _____

If you make a sentence with two verbs negative, be sure to put **no** before the first verb.

> **ejemplo:** No, yo no voy a cantar.
> (No, I'm not going to sing.)

Conteste las preguntas en español.

1. **¿Vas a estudiar tú mañana?**

   Sí, _____

2. **¿Van a llorar las chicas?**

   Sí, _____

3. **¿Van a hablar ustedes en clase?**

   No, _____

4. **¿Va a escuchar ella?**

   Sí, _____

5. **¿Va a mirar la televisión él?**

   No, _____

6. **¿Va a comprar ropa usted?**

   No, _____

7. **¿Vas a nadar tú mañana?**

   Sí, _____

Los verbos que terminan en -er

Verbs that end in **-er** follow a regular pattern like the verbs that end in **-ar**. Take off the **-er** and add the following endings:

yo **-o**

tú **-es**   nosotros/as   **-emos**

usted
él   } **-e**
ella

ustedes
ellos   } **-en**
ellas

Some **-er** verbs that follow this pattern are:

comer   = to eat

beber   = to drink

deber   = to owe

vender   = to sell

creer   = to believe

comprender = to understand

correr   = to run

aprender = to learn

leer = to read

Conjugate the verb **comer**.

stem _____

yo _____   **nosotros/as** _____

tú _____

usted ⎫
él ⎬ _____
ella ⎭

ustedes ⎫
ellos ⎬ _____
ellas ⎭

Escriba las formas correctas de los verbos entre paréntesis.

1. (**beber**) Nosotros _____ Coca Cola.

2. (**vender**) La chica _____ ropa.

3. (**aprender**) Los estudiantes _____ .

4. (**correr**) David _____ muy rápido.

5. (**comprender**) ¿ _____ ustedes?

6. (**deber**) Yo _____ cincuenta pesos.

7. (**comer**) ¿ _____ tú mucho?

8. (**creer**) Ella no _____ la respuesta.

9. (**leer**) Usted _____ el libro.

10. (**beber**) Yo _____ el café.

Los verbos que terminan en -ir

Verbs that end in **ir** also follow a regular pattern. It is the same as the pattern for **-er** verbs except for the **nosotros** form. The **ir** verb endings are:

yo   **-o**

tú   **-es**   nosotros/as   **-imos**

usted
él   } **-e**   ustedes
ellos   } **-en**
ella   ellas

Some **-ir** verbs that follow this patten are:

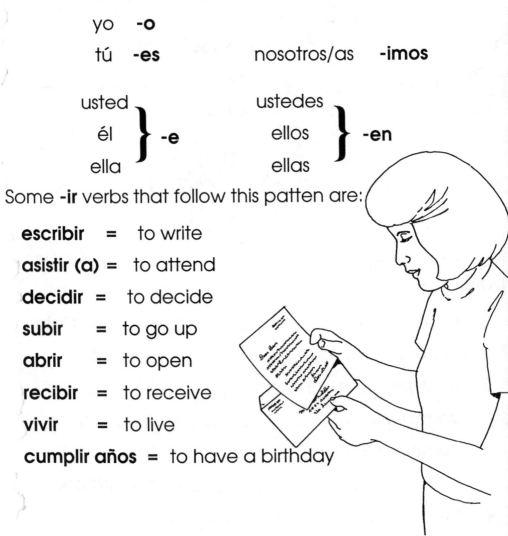

escribir   =   to write

asistir (a) =   to attend

decidir =   to decide

subir   =   to go up

abrir   =   to open

recibir =   to receive

vivir   =   to live

cumplir años = to have a birthday

Conjugate the verb **escribir**.

stem _____

yo _____   nosotros/as _____

tú _____

usted ⎫
él   ⎬ _____
ella ⎭

ustedes ⎫
ellos   ⎬ _____
ellas   ⎭

Escriba las formas correctas de los verbos entre paréntesis.

1. (**decidir**) Ella no _____ rapidamente.

2. (**vivir**) ¿ _____ ustedes en México?

3. (**abrir**) El cine _____ a las diez.

4. (**recibir**) Yo _____ buenas notas.

5. (**asistir**) Nosotros _____ a la escuela.

6. (**cumplir**) Eduardo _____ años hoy.

7. (**subir**) ¿ _____ tú las escaleras (steps)?

8. (**escribir**) Stephen King _____ novelas.

9. (**abrir**) ¿ _____ usted la puerta (door)?

10. (**cumplir**) Ellos _____ siete años.

El imperativo
The Imperative

When you tell someone to do something you use
the command form of a verb, the **imperative**
(el imperativo).

To give a command to someone you know well using a
regular verb, use the **tú** form of the verb minus the **-s**. As
in English, the "you" (tú) is understood.

ejemplo: Tú bailas. (You dance. You are dancing.)

¡Baila! (Dance!)

To practice, tell your friend to do the following things.

Sing! _____

Speak Spanish! _____

Watch T.V.! _____

Swim! _____

Eat! _____

Listen! _____

Run! _____

Answer! _____

To give a command to someone you address as **usted**, use the **yo** form of the verb. Drop the final **o** and add the opposite vowel ending. (**-ar** commands end in **-er**, **-er** commands end in **-a**)

> **ejemplo:**   **Usted baila.** (You dance./You are dancing.)
>
> **¡Baile!** (Dance!)

To practice, tell your older neighbor to do the following things.

Sing! _____

Speak Spanish! _____

Watch T.V.! _____

Swim! _____

Eat! _____

Listen! _____

Run! _____

Answer! _____

Anita

Lea el párrafo y conteste las preguntas. (Read the paragraph and answer the questions.)

Anita vive en Santiago. Ella es de Chile. Ella habla español y habla inglés también. Le gusta la clase de inglés en la escuela. Ella es muy inteligente, pero no le gusta la profesora de biología. Le gusta mucho la clase de geografía. Le gusta llevar una camiseta y unos bluejeans a la escuela. Le gusta cantar y bailar.

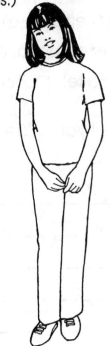

1. **¿Dónde vive Anita?**

   _____

2. **¿Es Anita de México?**

   _____

3. **¿Qué clases le gustan a Anita?**

   _____

South America

—Chile

4. **¿Qué le gusta llevar a la esuela?**

   _____

5. **¿Habla Anita francés?**

   _____

Pablo

Lea el párrafo y conteste las preguntas.

Pablo es muy deportivo. Le gusta el fútbol. Él es alto, rubio, y perfecto. Él está en la campaña. Él trabaja con su tío. Le gusta la campaña. No le gusta la escuela, las clases, o los maestros. Le gustan los estudiantes y, sobre todo, las chicas bonitas. Pablo y sus amigos escuchan la radio y miran la televisíon.

1. **¿Es Pablo deportivo?**

   _____

2. **¿Es Pablo bajo y moreno?**

   _____

3. **¿Dónde está Pablo?**

   _____

4. **¿Estudia él en la campaña?**

   _____

5. **¿Le gusta la escuela?**

   _____

Mónica y Carlos

Lea los párrafos y conteste las preguntas.

    ¡Hola! Me llamo Mónica Sánchez. Yo soy de España. Yo soy la amiga (friend) de Carlos Molina.

    Carlos es de los Estados Unidos. Carlos es fantástico. Él es bajo, rubio, y sincero. Le gustan los deportes. A mí también. Nos gusta el tenis y el fútbol. No nos gusta nadar o correr.

    Yo soy estudiante en una escuela en Barcelona. Carlos es estudiante en una escuela en Tarragona. Me gusta la clase de historia y me gustan mucho las matemáticas. A Carlos no le gustan las matemáticas, pero a él le gusta la clase de historia también. Nosotros somos inteligentes.

1. **¿Es Mónica de los Estados Unidos?**

   _____

2. **¿Es Carlos de España?**

   _____

3. ¿Cómo es Carlos?

_____

4. ¿A Carlos le gustan los deportes?

_____

5. ¿A Mónica también le gustan los deportes?

_____

6. ¿A ellos les gusta correr?

_____

7. ¿Dónde está la escuela de Mónica?

_____

8. ¿Dónde está la escuela de Carlos?

_____

9. ¿A Mónica le gusta la historia?

_____

10. ¿Son ellos inteligentes?

_____

Un repaso

Use the clues to solve the crossword puzzle on page 69.

Across

5. where **en español**
6. worn in cold weather
7. **yo** form of **ir**
8. opposite of **correr**
10. **se habla en España**
11. opposite of **alta**
13. **yo** form of **estar**
14. opposite of **delgado**
16. opposite of **antipático**
18. **tú** form of **escribir**

Down

1. **donde trabajan los actores**
2. to live
3. **yo** form of **ser**
4. **donde vamos a nadar**
5. 20 **en español**
9. **él trabaja en un avión**
12. **nosotros** form of **ser**
15. worn by girls
17. **veinte + ochenta**
19. to go

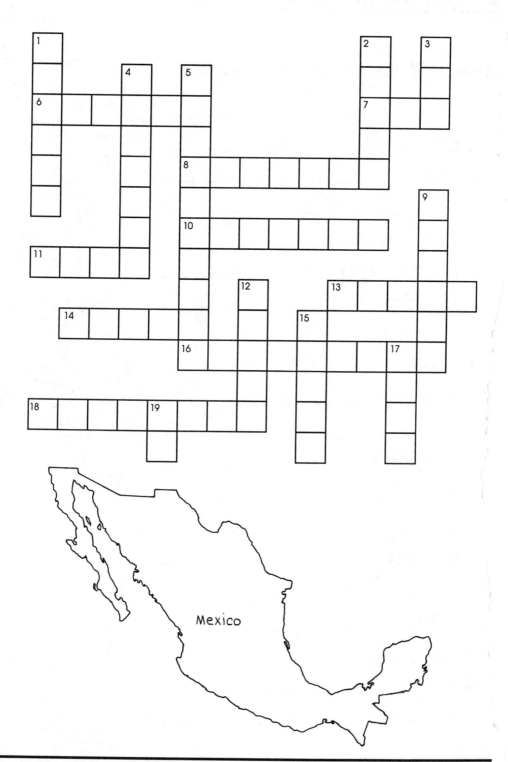

Mexico

Buscapalabras

Write the following words in Spanish.

1. to be _____

2. boring _____

3. to cry _____

4. easy _____

5. factory worker_____

6. good-looking _____

7. to greet _____

8. journalist _____

9. lawyer _____

10. midnight _____

11. nurse _____

12. to open _____

13. to read _____

14. sad _____

15. sandals _____

16. shoes _____

17. sixty _____

18. tie _____

19. what _____

20. to work _____

Repaso

I. Choose a verb from the list and write it in the correct form in the sentence.

trabajar	escuchar	comer
tocar	llevar	ir
hablar	ser	beber
nadar	estar	cumplir

1. Mi mamá _____ bonita.

2. Yo _____ trece años.

3. Él _____ pantalones.

4. ¿ _____ usted español?

5. Ellas _____ tristes.

6. Nosotros _____ en la piscina.

7. Ustedes _____ Coca Cola.

8. ¿_____ tú la radio?

9. Ellos _____ al museo.

10. El Señor Muñoz _____ en la oficina.

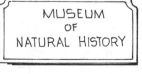

MUSEUM
OF
NATURAL HISTORY

II. Escriba los números.

1. cincuenta _____
2. trescientos _____
3. mil _____
4. quinientos _____
5. setecientos _____

6. setenta y dos _____
7. noventa y uno _____
8. un millón _____
9. cuatro mil _____
10. sesenta _____

trescientos
+ setecientos
‾‾‾‾‾‾‾‾‾‾‾‾
mil

III. Identifica la ropa en las fotos.

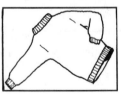

1. _____
2. _____
3. _____

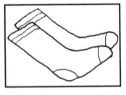
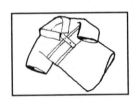

4. _____
5. _____
6. _____

7. _____
8. _____
9. _____